LÉGALITÉ

TU N'ES PAS L'ÉGALITÉ

> « ..... Tout cela était indispen-
> sable, répliquait le docteur borgne,
> et les malheurs particuliers font le
> bien général, de sorte que plus il y
> a de malheurs particuliers et plus
> tout est bien. »
>
> CANDIDE, ch. IV.

PARIS

IMPRIMERIE PAUL DUPONT

41, RUE JEAN-JACQUES-ROUSSEAU, 41

1876

LÉGALITÉ

TU N'ES PAS L'ÉGALITÉ

Tiré à cent cinquante exemplaires.

LÉGALITÉ

TU N'ES PAS L'ÉGALITÉ

> « ..... Tout cela était indispensable, répliquait le docteur borgne, et les malheurs particuliers font le bien général, de sorte que plus il y a de malheurs particuliers et plus tout est bien. »
>
> CANDIDE, ch. IV.

————————

PARIS

IMPRIMERIE PAUL DUPONT
41, RUE JEAN-JACQUES-ROUSSEAU, 41

1876

LÉGALITÉ, TU N'ES PAS L'ÉGALITÉ

« ..... Tout cela était indispen-
sable, répliquait le docteur borgne,
et les malheurs particuliers font le
bien général, de sorte que plus il y
a de malheurs particuliers et plus
tout est bien. »

CANDIDE, ch. IV.

Le Comte de Rodez, que nous connaissons tous, est l'homme le plus aimable du monde, le plus inoffensif, et du commerce le plus facile.

Sa fortune lui permet de vivre sans demander des ressources à son travail ou à une carrière assujettissante.

Il est marié, malheureusement sans enfants. Sa femme, la meilleure des femmes et la plus fidèle des compagnes, lui rend l'existence aussi douce que possible. La communauté de leurs goûts et des concessions réciproques faites à propos, les rendraient, on peut le dire, parfaitement heureux, si Rodez ne détestait pas la politique à cause de ses conséquences. Pour fuir ces conséquences, notre ami irait très-loin.

Monarchiste enragé par goût et par principes, Rodez a traversé nos différentes formes de gouvernement, tantôt avec sympathie, tantôt avec déplaisance ; avec sympathie, quand un souverain réglait nos destinées ; avec déplaisance quand la République venait remplacer la monarchie. M. de Rodez se plaît à répéter que la France souffre de gouvernements intermittents et qu'il en souffre avec elle.

Cependant, à force de voir notre pauvre patrie minée par ses accès politiques, mon ami finit par se sentir profondément agacé. Notre dernière incarnation lui semblant particulièrement désagréable, il résolut, d'accord avec sa femme, d'aller chercher le repos, pour quelque temps du moins, dans une contrée moins volcanique moralement que la nôtre.

Ils partirent donc, voilà de cela un an et demi, pour un pays que je ne nommerai pas, mais qui passe pour réaliser l'idéal de la liberté, pays fort civilisé s'il vous plaît, car on y trouve réunis tous les conforts de la vie joints à un climat à peu près tempéré.

Mes amis fixèrent leur résidence sur les bords d'une rivière

charmante. Ils louèrent une dé-
licieuse habitation construite
sur une hauteur, et séparée
d'une ville industrielle par la
rivière dont je viens de parler.

Ils purent croire pendant
quelque temps qu'ils trouvaient
là la tranquillité. En effet, les
inconvénients de la liberté ne
se faisaient sentir pour eux
que par les mauvaises mœurs
des habitants, et par leurs ma-
nières plus mauvaises encore
que leurs mœurs. Mais Rodez
et sa femme s'en souciaient
peu, vivant chez eux avec
quelques amis fidèles qui ve-

naient profiter à tour de rôle de la meilleure hospitalité.

— Je crois, ma vieille amie, disait le Comte à sa femme, que nous ne nous repentirons pas du parti que nous venons de prendre, et d'ailleurs, quand nous serons las de cet endroit, nous reviendrons à Paris.

— Parfaitement, répondit sa femme ; puissions-nous séjourner longtemps ici! Une seule chose m'inquiète, c'est cette grande cheminée que je vois construire là-bas, de l'autre côté de l'eau. Elle ne me dit rien qui vaille.

— Bah! c'est une usine qui s'établit; une de plus ou de moins, que nous importe! La rivière nous en sépare, et je ne vois pas quels ennuis elle pourrait nous causer.

— Que le ciel t'entende! répliqua l'adorable Mme de Rodez.

J'ai dit que le pays choisi par mes amis pour y résider jouissait de la liberté poussée jusqu'à ses dernières limites; je me dispenserai, en conséquence, de désigner la forme de son gouvernement, afin de ne pas soulever de discussions politiques, fort ennuyeuses pour ceux qui n'en font pas leur état.

L'usine, construite en face de la maison des Rodez, ne tarda pas à commencer ses travaux, auxquels furent appelés près de trois mille ouvriers : c'était, comme on voit, une grosse usine.

Les Rodez reposaient du sommeil des justes le 1er mars 1875, lorsqu'à 5 heures et demie du matin, un sifflet insupportable se fit entendre sur la rive opposée de la rivière, sifflet produit par une

puissante machine à vapeur,
sifflet strident, pénétrant, éner-
vant, et, qui pis est, indéfi-
niment prolongé. M. de Rodez se leva en sursaut, ouvrit
sa fenêtre et constata avec
douleur que ce bruit odieux
venait de l'usine qui inaugu-
rait son existence. Mon excellent ami, d'un naturel très-
bienveillant, calma de son
mieux sa femme exaspérée,
et tous deux se consolèrent en
pensant qu'il s'agissait sans
doute d'un essai, un peu ma-
tinal peut-être, mais excusable
chez des mécaniciens zélés.

Le lendemain matin 2 mars, les Rodez dormaient, comme la veille, du même sommeil des justes. Comme la veille, le sifflet à vapeur fendit l'air de son cri perçant; mais cette fois, à six heures précises, il recommença son infernale musique. Nos pauvres amis, consternés, virent alors la berge sillonnée par des groupes d'ouvriers qui entraient dans les ateliers à peine ouverts. Depuis ce jour, tous les matins à la même heure, le même bruit se produisit avec une intensité sans cesse croissante.

Les domestiques de la famille Rodez, vieux serviteurs devenus très-sourds, furent les seuls dans la maison qui purent continuer à dormir sans songer aux souffrances de leurs bons maîtres.

M. de Rodez sentit que c'en était fait du calme qu'il était venu chercher si loin. Mais il réfléchit qu'il se trouvait dans un pays absolument libre, et il rêva de se faire justice lui-même, comme il convient dans ces pays-là. Il fut taciturne toute la journée. Mme de Rodez conçut de cette

disposition d'esprit une cer-
taine inquiétude, mais elle garda
le silence et chercha à dis-
traire son mari jusqu'à l'heure
du coucher.

A cinq heures du matin, le
3 mars, *six* coups de pistolet
successifs furent tirés dans la
maison de Rodez ; *six* autres
détonations succédèrent aux
premières, puis tout rentra
dans le silence jusqu'au moment où le sifflet à vapeur
éclata à son heure ordinaire.

A sept heures, un petit vieillard, portant des lunettes d'or,
sonna à la porte du Comte de

Rodez, et demanda à lui parler. On annonça un des fonctionnaires les plus élevés de la ville.

Le comte de Rodez le fit entrer dans son salon, et le petit vieillard prit la parole en ces termes, dans une langue qui rappelait le français par un air de famille très-éloigné :

— Monsieur le Comte, je viens vous demander si les coups de pistolet tirés ce matin à cinq heures, partaient bien de votre maison, ainsi qu'on me l'a rapporté ?

— Oui, monsieur, en effet,

répondit M. de Rodez, j'ai déchargé successivement deux révolvers ce matin, à cinq heures.

— Dans quel but, Monsieur le Comte ?

— Dans un but personnel.

— Lequel ?

— Celui de réveiller mes domestiques, qui sont très-sourds.

— Vous n'aviez pas ce droit, Monsieur le Comte.

— Et pourquoi donc, Monsieur, mes domestiques se sont-ils plaints ?

— Non, Monsieur le Comte.

— Eh bien, alors, Monsieur,

souffrez que je réveille mes gens comme il me convient, et sans vous consulter.

Le petit vieillard se pinça les lèvres, mais il reprit aussitôt son calme et continua :

— Monsieur le Comte, vous n'avez pas le droit de réveiller vos gens à coups de pistolet : ces détonations s'entendent sur la rive opposée du fleuve, et ont réveillé, trente minutes avant l'heure de leur travail, les ouvriers de la grande usine.

— Pardon, Monsieur, interrompit M. de Rodez, les directeurs de l'usine ont-ils le droit de me réveiller à cinq heures et demie du matin à l'aide d'un horrible sifflet à vapeur?

— Cela est bien différent, Monsieur le Comte ; ce sifflet est très-goûté par la classe ouvrière, la seule qui intéresse un gouvernement éclairé; ce sifflet prévient nos ouvriers qu'ils doivent se préparer au travail, il les prévient encore du moment d'entrer à leurs ateliers. Il rend, au contraire, un grand service à la population.

— Pardon, Monsieur, dit alors le Comte de Rodez,

je travaille assez tard le soir...

— Travail de tête, Monsieur le Comte, travail de tête...

— Quel qu'il soit, c'est un travail, et comme je me couche à une heure avancée, j'ai droit aussi, je pense, à ce que mon sommeil soit respecté comme celui des autres.

— C'est là où est votre erreur, Monsieur le Comte, erreur fort excusable d'ailleurs pour un homme étranger aux lois paternelles de notre patrie. Veuillez donc vous abstenir à l'avenir de tirer des coups de pistolet, si vous ne voulez pas me voir obligé de vous en empêcher par les moyens légaux dont je dispose.

Là dessus le petit vieillard salua poliment et disparut.

Le lendemain, le Comte de Rodez, qui était fort bon veneur, prit sa trompe, et sonna, à cinq heures du matin, une de nos vieilles fanfares françaises ; il y ajouta quelques *tons* pour chiens, puis il se recoucha, tandis que le sifflet à vapeur commençait son œuvre destructive du sommeil.

A sept heures, comme la

veille, le petit vieillard à lunettes d'or demanda de nou-
veau à parler à M. de Rodez.

— Monsieur le Comte, dit-il,
c'était vous qui souffliez, à cinq
heures ce matin, des airs de
chasse, dans un morceau de
cuivre contourné ?

— Oui, Monsieur, répondit
le Comte, visiblement irrité...

— Vous n'avez pas le droit,
Monsieur le Comte, de jouer
de cet instrument, dont les
sons aigus et pénétrants par-
viennent sur l'autre rive de
la rivière et troublent le repos des habitants, obligés de

gagner leur vie par leur travail.....

— Écoutez, Monsieur, interrompit brusquement M. de Rodez, c'est la seconde fois que vous vous présentez chez moi au nom du repos public, et vous ne me semblez tenir aucun compte de mon repos personnel. Je m'adresserai aux tribunaux ; il y a, je pense, encore des juges à ..... (il allait dire Berlin, mais il s'arrêta à temps), et je me charge de prouver que ce qui est vrai pour les uns, est également vrai pour les autres.

—Vous ne prouverez pas cela dans cette contrée, Monsieur le Comte. Les idées du véritable progrès marchent sans cesse en avant ici, grâce à la forme de gouvernement qui nous régit, et le sentiment public, à défaut des tribunaux, vous donnerait tort chez nous sans aucun doute.

Le vieillard salua encore plus poliment que la première fois et se retira.

Mme de Rodez s'efforça en vain de calmer son mari, dont l'exaspération allait croissant. Elle lui représenta que, lors-

qu'on vit dans un pays, il faut
en accepter les lois et les usa-
ges ; elle chercha à lui persua-
der par exemple que les habi-
tations placées dans le voisi-
nage des gares de chemins de
fer sont soumises aux inconvénients du sifflet des machi-
nes. M. de Rodez soutint que
le cas n'était pas le même,
etc., etc., etc. Bref, rien ne
put le convaincre.

—J'en aurai le cœur net,
répétait-il sans cesse, chère
amie : pareille chose n'arrive-
rait pas en France ; j'en aurai
le cœur net.

Et à quatre heures et demie le lendemain matin, des roulements de tambour retentissaient dans la maison.

A sept heures, le petit vieillard à lunettes d'or se fit une troisième fois introduire auprès du Comte de Rodez, qui l'attendait dans son cabinet de travail. Le tambour et les baguettes étaient sur un fauteuil, et en les apercevant, le magistrat s'écria d'un air triomphant :

— *Habemus confitentem reum,* Monsieur le Comte (seulement il prononçait *habemous*

et *reoum*). La présence de cet
instrument, ce **corpous delicti**
me prouve que c'est bien vous
qui, tout à l'heure, à quatre
heures et demie, faisiez entendre des roulements et des
marches militaires.

— Certainement, Monsieur,
dit M. de Rodez, les roulements de tambour sortaient
de cette caisse, et j'en étais
l'auteur.

— Vous n'en avez pas le
droit, Monsieur le Comte, car
les soldats qui dorment dans
la caserne en face ne se lè-
vent qu'à cinq heures, et jus-

qu'à cette heure, leur sommeil doit être respecté!

— Mais, Monsieur, on me dit que, dans quelques jours, les tambours de la garnison vont commencer leurs exercices sur les bords de la rivière, à cinq heures du matin, en vertu d'une nouvelle décision de l'autorité.

— Cela est vrai, Monsieur le Comte.

— Et ce sera au milieu de la ville que ces exercices auront lieu?

— Sans doute, Monsieur le Comte; on pourrait bien en-

voyer les soldats battre le tambour dans les campagnes ;
mais l'administration pense
qu'elle ne doit pas, quand il
s'agit de l'armée, se préoccu-
per des inconvénients dont
peuvent souffrir les particuliers ; c'est là ce que pense
l'administration. Veuillez donc
vous abstenir à l'avenir de
jouer du tambour.

— Ecoutez, Monsieur, répliqua M. de Rodez, je ne conti-
nuerai pas plus longtemps une
lutte dont je comprends l'inéga-
lité ; je vous remercie même de
la courtoisie dont vous avez fait

preuve dans l'exercice de vos fonctions ; mais veuillez alors m'indiquer par quels moyens je puis le matin réveiller mes gens sans me mettre en con- tradiction avec les lois de votre endroit.

— Combien j'aime à vous entendre parler ainsi, Monsieur le Comte, dit alors l'excellent vieillard à lunettes d'or, je vois que vous appréciez le côté vraiment paternel de notre administration ; aussi m'em- presserai-je de vous dire que dans cette ville chacun est libre d'établir chez soi une machine

à vapeur, à la seule condi-
tion d'en faire une déclaration
à l'autorité. Faites monter
une machine chez vous : rien
de plus simple, moyennant
un sacrifice d'argent, et alors
vous disposerez vous-même
d'un sifflet à vapeur dont
vous pourrez faire usage de
quatre heures du matin à
neuf heures du soir. Ah !
Monsieur le Comte, si tous
les habitants de cette ville com-
prenaient ainsi cette question,
et établissaient chez eux des
sifflets à vapeur, ce serait déjà,
sous une forme heureuse, la

réalisation du plus cher de nos rêves, l'égalité dans la légalité !

Là dessus il se retira. M. de Rodez alla trouver sa femme et lui raconta le discours du petit vieillard ; il ajouta :

— Chère amie, je ne veux pas établir de machine à vapeur dans cette maison et répondre par mon sifflet à celui qui détruit ton sommeil et le mien. C'est cependant la seule satisfaction que l'autorité du lieu offre à mes justes réclamations. Les habitants de cette ville ne sont pas faits comme nous apparemment, puisqu'ils s'accommodent de ce *modus vivendi* qui donne au peuple toutes les facilités pour troubler les classes élevées, sans accorder à celles-ci aucune réciprocité. Nous allons rentrer en France, si tu le veux bien, et à Paris, où du moins, si nous nous trouvions jamais en butte aux mêmes vexations, nous rencontrerions auprès des autorités, aide et protection.

Et voilà pourquoi nous avons revu les Rodez à Paris l'hiver dernier. Ils se sont établis sur le bord de la Seine, dans un endroit très-tranquille et où les habitants paisibles ne sont pas troublés dans leur sommeil du matin. Ce n'est pas à Passy.

Passy, 12 août 1876.

Paris-Imp. PAUL DUPONT.41 rue Jean-Jacques-Rousseau 3651.8.76

9 782329 661506